W9-BWF-399

DATE DUE

			Printed In USA

HIGHSMITH #45230

Primeros Lectores Ciencias
Animales de la Granja

Cerdos

Texto: Peter Brady
Traducción: Dr. Martín Luis Guzmán Ferrer
Revisión de la traducción: María Rebeca Cartes

Consultora de la traducción:
Dra. Isabel Schon, Directora
Centro para el Estudio de Libros
Infantiles y Juveniles en Español
California State University-San Marcos

Bridgestone Books
an imprint of Capstone Press
Mankato, Minnesota

Bridgestone Books are published by Capstone Press
818 North Willow Street, Mankato, Minnesota 56001 • http://www.capstone-press.com

Library of Congress Cataloging-in-Publication Data
Brady, Peter, 1944–
    [Pigs. Spanish]
    Cerdos / de Peter Brady; traducción de Martín Luis Guzmán Ferrer; revisión de la
traducción de María Rebeca Cartes.
    p. cm.—(Primeros lectores ciencias. Animales de la granja)
    Includes bibliographical references (p. 24) and index.
    Summary: Introduces pigs by describing their physical characteristics, where they live,
what they eat, their special skills, and what they provide for people.
    ISBN 1-56065-789-8
    1. Swine—Juvenile literature. [1. Pigs. 2. Spanish language materials.]
I. Title. II. Series: Early reader science. Farm animals. Spanish.
SF395.5.B73518 1998
636.4—dc21
                                                                98-18744
                                                                   CIP
                                                                    AC

Editorial Credits
Martha E. Hillman, translation project manager; Timothy Halldin, cover designer
Photo Credits
Lynn M. Stone: 6, 12, 14, 16
William Muñoz: cover, 4, 8, 10,18, 20
William Muñoz is a freelance photographer. He has a B.A. from the University of Montana. He has taken
photographs for many children's books. William and his wife live on a farm near St. Ignatius, Montana,
where they raise cattle and horses.

Contenido

¿Qué es un cerdo?

Un cerdo es un animal de granja. Los cerdos se crían por su carne o para criar más cerdos. Un cerdo macho se llama verraco. Un cerdo hembra se llama marrana.

Cómo son los cerdos

Los cerdos tienen cuerpos redondos, patas cortas y una cola enroscada. Pueden ser negros, blancos, marrones o moteados. Un cerdo adulto por lo general pesa 360 kilos (800 libras).

Dónde viven los cerdos

Los cerdos viven en las granjas. La mayoría de los cerdos se quedan en los establos. Por lo general tienen una porqueriza al aire libre y un estanque con barro para refrescarse. Las porquerizas tienen unas pilas para alimentar a los cerdos.

Qué comen los cerdos

La mayoría de los cerdos se alimenta con cereales y agua. Pero son capaces de comer cualquier cosa. Comen carne, verduras, pan y sobras de comida. Pueden digerir cosas que los humanos no pueden, como pasto y raíces.

Diferentes tipos de cerdos

Hay más de 300 razas diferentes de cerdos. Algunas de éstas son las Berkshire, Hampshire, Landrace, Tamworth y Yorkshire. Los ganaderos mezclan razas para obtener una carne más sabrosa.

Habilidades especiales

Los cerdos son considerados los animales de granja más listos. Es posible enseñarlos a revolcarse y traer cosas. También aprenden a competir en carreras y bailar. Tienen un olfato muy agudo. Así, pueden buscar cosas bajo tierra con sus hocicos.

Barro

Los cerdos se revuelcan en el barro para sentirse frescos y mojados. Son animales que se calientan mucho porque no sudan como los humanos. El sol puede quemarles la piel, pues tienen muy poco pelo.

Cochinitos

Las marranas generalmente están preñadas durante tres meses, tres semanas y tres días. Dan a luz de ocho a doce cochinitos. Un cerdo aumenta de 1,35 kilos (tres libras) a 99 kilos (220 libras) en seis meses.

Qué nos dan los cerdos

El tocino, jamón, chorizo y las chuletas de puerco vienen de los cerdos. Su piel también se usa para hacer cuero. Con éste se fabrican guantes, zapatos y otras cosas. Los doctores pueden salvar vidas cambiando las válvulas humanas enfermas por válvulas del corazón de los cerdos.

Manos a la obra: Haz una alcancía

Para hacer una alcancía, vas a necesitar un jarro limpio de 4 litros (un galón aproximadamente), cuatro vasos de papel, fieltro rosado, un limpiapipas rosado y pegamento.

1. Pon el jarro de lado. La boca del jarro será el hocico del cochinito. La agarradera del jarro debe quedar hacia arriba.
2. Pega los cuatro vasos en la parte de abajo del jarro. Estas son las patas del cochinito.
3. Corta el fieltro en dos triángulos. Pégalos en la parte de arriba del jarro. Estas son las orejas del cochinito.
4. Pídele a un adulto que haga un agujero chico en la parte de arriba del jarro. Introduce el limpiapipas en el agujero y tuércelo hasta enroscarlo. Esta es la cola del cochinito.
5. Dibuja los ojos en el jarro con un plumón.
6. Quítale la tapa cuando quieras meter monedas en tu alcancía.

Conoce las palabras

digerir—cambiar la comida a una cosa que el cuerpo puede usar

pilas—recipientes largos, estrechos empleados para contener comida y agua

raza—grupo de animales que tiene los mismos ancestros

válvula—pequeña lengüeta que regula la corriente de sangre

Más lecturas

Fowler, Allan. *Smart, Clean Pigs*. Chicago: Children's Press, 1993.

King-Smith, Dick. *All Pigs are Beautiful*. Cambridge, Mass: Candlewick Press, 1993.

Stone, Lynn M. *Cerdos.* Animales de granja. Vero Beach, Fla.: Rourke Enterprises, 1991.

Índice